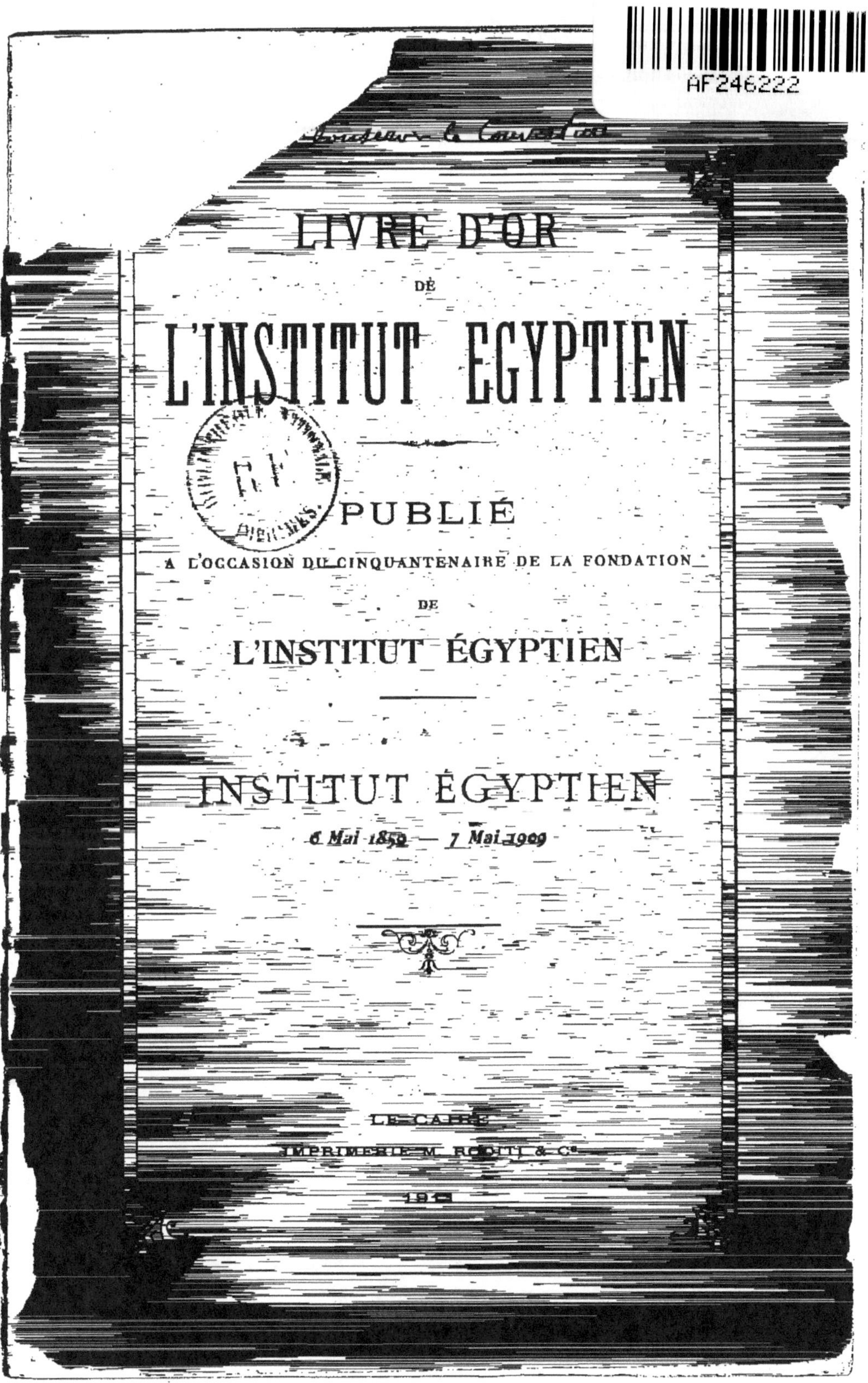

LIVRE D'OR

DE

L'INSTITUT ÉGYPTIEN

PUBLIÉ

A L'OCCASION DU CINQUANTENAIRE DE LA FONDATION

DE

L'INSTITUT ÉGYPTIEN

À

INSTITUT ÉGYPTIEN

6 Mai 1859 — 7 Mai 1909

LE CAIRE
IMPRIMERIE M. RODITI & Cⁱᵉ

1911

INSTITUT ÉGYPTIEN

6 Mai 1859 — 7 Mai 1909

INSTITUT ÉGYPTIEN

6 Mai 1859 — 7 Mai 1909.

PROTECTEURS

DE

L'INSTITUT ÉGYPTIEN

LEURS ALTESSES

LES KHÉDIVES

MOHAMMED SAÏD PACHA

14 Juillet 1854

ISMAÏL PACHA

18 Janvier 1863

MOHAMMED TEWFIK PACHA

26 Juin 1879

ABBAS HILMY PACHA

7 Janvier 1892

MOHAMED ABD-UL-MOUNAÏM

PRINCE HÉRITIER D'ÉGYPTE.

AVERTISSEMENT

L'Institut Egyptien a décidé, dans sa séance du Comité secret du 5 Avril 1909, de tenir à la date du 7 Mai 1909, une *séance commémorative* suivie d'un banquet par souscription pour tous les membres de l'Institut Egyptien, titulaires, honoraires ou correspondants, présents en Egypte, en l'honneur du **Cinquantenaire de l'Institut Égyptien,** sous le patronage du Bureau ainsi constitué:

Président .... S.E. FAKHRY PACHA.
Vice-Président .... S.E. ABBATE PACHA
   »   » .... S.E. YACOUB ARTIN PACHA.
Secrétaire Général .... J. B. PIOT BEY
Secrétaire Adjoint .... A. SOUTER
Trésorier Bibliothécaire .. J. VAAST

Avant tout texte, ce fascicule comprend une *liste des Khédives* d'Egypte intitulée: « Protecteurs de l'Institut » avec les dates de leur avènement.

Cette liste est immédiatement suivie:

1° — *Des discours* prononcés en séance et au banquet;

2° — *De la liste* des Membres du Bureau en 1899;

3° — *Du sommaire* de la Séance Extraordinaire du 7 Mai 1909 en commémoration du Cinquantenaire de l'Institut Egyptien.

Viennent ensuite *les listes :*

1° des Présidents Honoraires, Présidents, Vice-Présidents, Secrétaires Généraux, Secrétaires Archivistes, Trésoriers Bibliothécaires et Membres du Comité de Publications de l'Institut Egyptien, du 5 Mai 1899 avec les dates de leurs nominations ;

2° de Messieurs les Membres de l'Institut Egyptien, depuis le 5 Mai 1899 jusqu'à la dernière séance tenue avant les vacances de 1909 (7 Mai 1909), lesquels sont divisés en trois sections, savoir: Membres Résidants, Membres Honoraires et Membres Correspondants.

Les travaux de l'Institut Egyptien, du 5 Mai 1899 au 7 Mai 1909.

Pour dresser ces listes des travaux de l'Institut Egyptien, on a adopté l'ordre alphabétique des noms d'auteurs, en indiquant la date de la séance dans laquelle chaque communication a été faite.

Le Caire, le 15 Novembre 1909.

Le Secrétaire Général,
Dʳ J. B. PIOT BEY

Télégramme adressé à S.A. le Khédive à l'occasion du Cinquantième Anniversaire de la fondation de l'Institut Egyptien.

Le Caire, 7 Mai 1909.

Grand Maître Cérémonies
Palais Ras-el-Tin
Alexandrie.

Institut Egyptien sous Haut Patronage de Son Altesse le Khédive, réuni pour fêter Cinquantième Anniversaire de sa fondation, vous prie présenter à Son Altesse nos plus respectueux hommages.

Le Président : FAKHRY.

Alexandrie, 9 Mai 1909.

Son Excellence Fakhry Pacha
Président de l'Institut Egyptien.
Le Caire.

Heureux de constater la prospérité des corps scientifiques en Egypte, je me suis associé de tout cœur à la fête du Cinquantenaire de notre Institut, la plus ancienne Société savante du pays. Avec mes sincères félicitations, recevez aussi mes remerciements pour votre aimable pensée à mon adresse.

ABBAS HILMY.

Discours de M. J. B. Piot Bey

Excellences, Messieurs,

C'est pour la seconde fois seulement qu'au cours de ces 25 dernières années, je vois l'Institut Egyptien faire trêve à la sereine activité de ses débats scientifiques ou littéraires pour se réunir à la joyeuse table d'un banquet.

On ne peut donc guère nous reprocher d'abuser des bonnes choses.

La première fois, et nombre de nos collègues ici présents en ont sûrement gardé l'agréable souvenir, c'était pour témoigner notre sympathie à notre Président Honoraire, M. Maspero, et nos regrets de le voir quitter l'Egypte, pensait-il, sans esprit de retour. Les adieux, comme vous le voyez, n'ont été heureusement qu'un au revoir, puisqu'à près de 20 ans d'intervalle M. Maspero revenait au milieu de nous, à la Direction du Service des Antiquités, que nous espérons lui voir conserver longtemps encore.

Et vous ne trouverez pas hors de propos que je fasse allusion ici à la part prépondérante qui lui revient dans le brillant succès qui a couronné l'œuvre du récent Congrès d'Archéologie Classique. C'est là pour nous une excellente occasion d'applaudir aux éminentes distinctions qui lui ont été conférées et qui honorent également l'Institut Egyptien dans la personne de son Président Honoraire.

Notre réunion d'aujourd'hui, acceptée d'enthousiasme par tous nos membres résidants, honoraires ou correspondants, a pour but de fêter le cinquantième anniversaire de la fondation de notre Société.

Cette solennité nous reporte donc à un demi-siècle en arrière, lorsque quelques hommes de bonne volonté eurent l'idée de se réunir en société, en vue d'élaborer en commun, par une direction

méthodique et suivie, des travaux, des recherches, dans les diffé-
rentes branches de l'activité humaine, en ce qu'elles ont de plus
spécialement intéressant pour l'Egypte.

Ce n'est pas à nous à juger si la tâche entreprise par nos aînés
a été dignement remplie. Le livre d'or de l'Institut, publié il y a 10
ans, pourrait au besoin témoigner de la variété, de l'étendue et de
l'importance de nos publications, justifiant ainsi la légitime
notoriété dont jouit l'Institut Egyptien dans le monde savant.

Or, il se trouve qu'aujourd'hui nous avons la bonne fortune de
compter parmi nous l'un de ces fervents pionniers du début, qui a
le mieux rempli cette tâche et fait le plus honneur à notre Société.

Je crois avoir par là suffisamment désigné notre vénéré vice-
président, le Dr Abbate Pacha.

Mon suffrage, s'il était isolé, pourrait facilement paraître
suspect, car on m'accuse volontiers de panphilisme; mais ce
jugement que je porte sur notre Doyen, vous l'avez, vous-mêmes,
formulé à l'unanimité, de la façon la plus gracieuse, en lui donnant
comme sanction cet exquis souvenir artistique, qu'en votre nom,
je le prie de bien vouloir accepter.

Nous souhaitons vivement que ce bronze, qui personnifie la
gloire, réjouisse sa vue pendant de longues années en lui rappelant
à chaque instant la haute estime et la sincère admiration dont
notre vice-président est entouré par ses collègues de l'Institut
Egyptien.

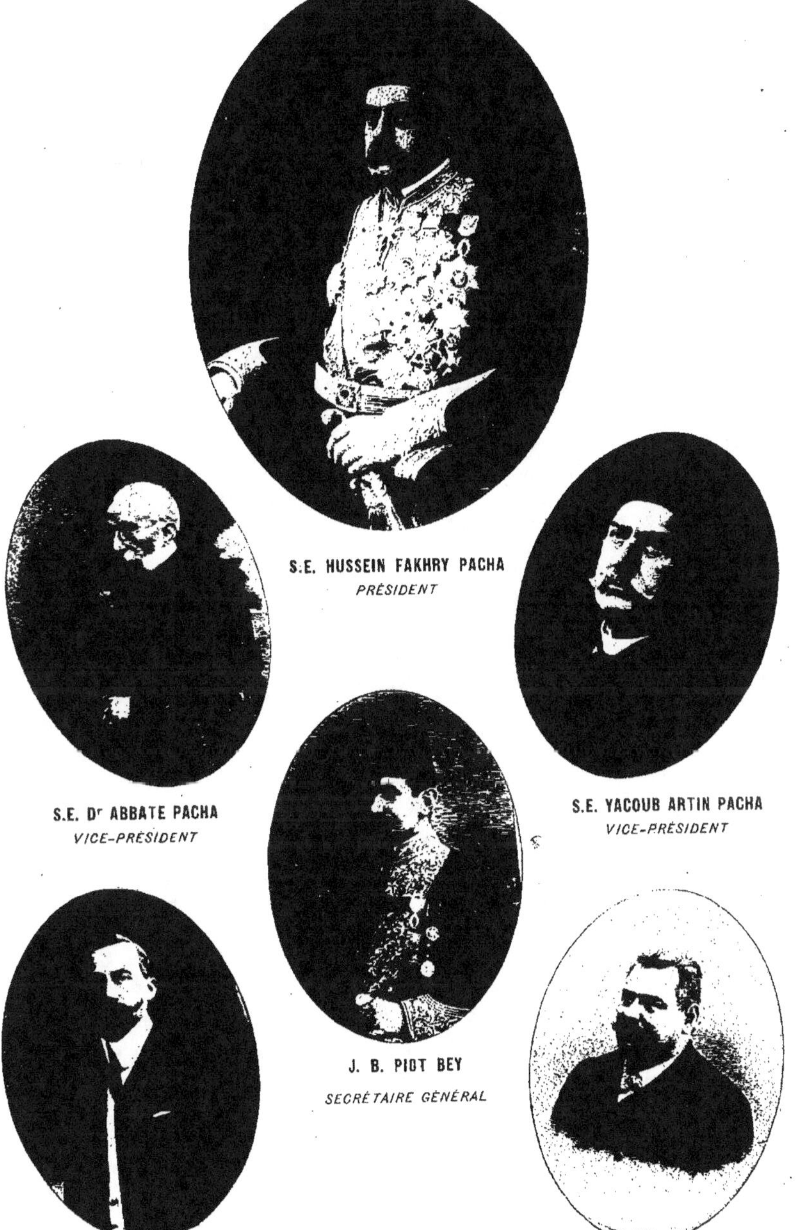

S.E. HUSSEIN FAKHRY PACHA
PRÉSIDENT

S.E. Dr ABBATE PACHA
VICE-PRÉSIDENT

S.E. YACOUB ARTIN PACHA
VICE-PRÉSIDENT

J. B. PIOT BEY
SECRÉTAIRE GÉNÉRAL

Mr A. SOUTER
SECRÉTAIRE-ADJOINT

Mr J. VAAST
TRÉSORIER-BIBLIOTHÉCAIRE

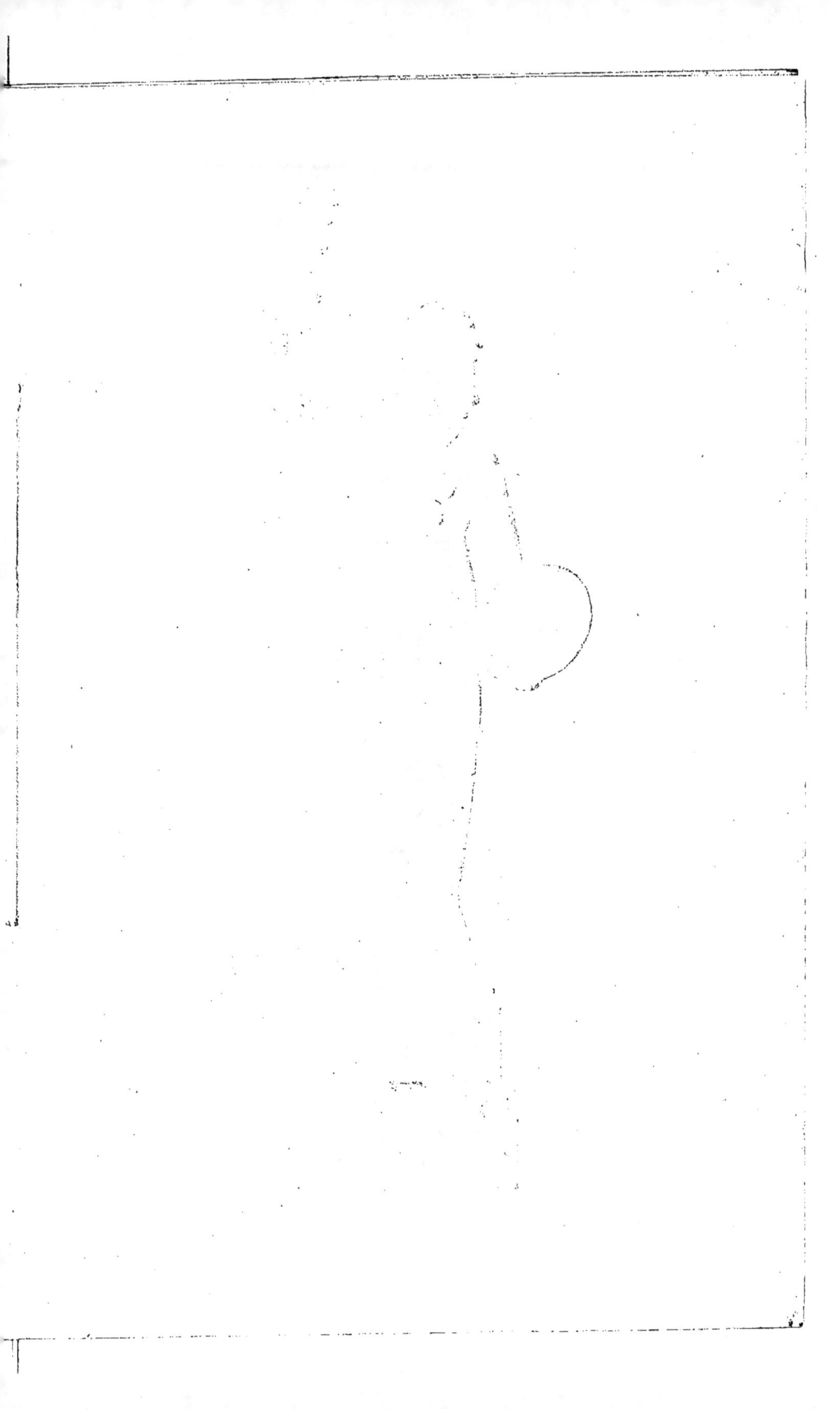

A S.E.
le Dr O. ABBATE PACHA
VICE-PRÉSIDENT
DE
L'INSTITUT ÉGYPTIEN
HOMMAGE AFFECTUEUX
DE SES COLLÈGUES
EN MÉMOIRE DU
50me ANNIVERSAIRE
DE LA FONDATION
DE L'INSTITUT
7 Mai
1859
7 Mai
1909

SOMMAIRE DE LA SÉANCE EXTRAORDINAIRE

DU 7 MAI 1909

En Commémoration du Cinquantenaire de l'INSTITUT ÉGYPTIEN.

Monsieur le Président fait remarquer à l'Assemblée que la séance ordinaire de ce mois qui, régulièrement, aurait dû avoir lieu le Lundi 3 Mai, a été reportée à ce jour, Vendredi 7 Mai, en vue de la faire coïncider avec le Cinquantième Anniversaire de la fondation de l'Institut.

Notre société, ajoute S.E. Fakhry Pacha, achève donc aujourd'hui ses 50 ans d'existence. C'est là un événement plutôt rare dans les pays d'Orient. Placé, dans ses débuts, sous le haut patronage de S. A. le Vice-Roi Saïd Pacha, vivement encouragé depuis par tous les Khédives, Ses Augustes Successeurs, nous pouvons bien rendre à l'Institut Egyptien cette justice qu'il a vaillamment accompli sa tâche et mérité la juste renommée dont il jouit dans les milieux scientifiques du monde entier. Félicitons-nous et réjouissons-nous de ce glorieux événement qui est de bonne augure pour l'avenir de notre société.

Il m'est particulièrement agréable de saluer en votre nom et au mien, le dernier des ouvriers de la première heure: S.E. le Docteur Abbate Pacha, et de souhaiter qu'à l'exemple de leur vénéré doyen, les jeunes membres de l'Institut puissent à leur tour célébrer le centenaire de sa fondation.

Le Dr Abbate Pacha, vivement touché par les sentiments exprimés par M. le Président, lui en témoigne sa profonde gratitude, et dans un court exposé, plein de verve, d'humour et de jeune énergie, il livre libéralement à ses Collègues le secret de devenir centenaire, en prêchant lui-même d'exemple par la discipline sévère d'un travail intellectuel ininterrompu depuis la première jeunesse.

PRÉSIDENT HONORAIRE

M. G. Maspéro

PRÉSIDENTS

S.E. Yacoub Artin Pacha.. { du 29 Décembre 1899 au 25 Déc. 1904 — du 24 Décembre 1906 au 27 Déc. 1908

S.E. Hussein Fakhry Pacha { du 26 Décembre 1904 au 23 Déc. 1906 — du 28 Décembre 1908 au 27 Déc. 1909

VICE-PRÉSIDENTS

S.E. Hussein Fakhry Pacha — S.E. le Dr Abbate Pacha... } du 29 Décembre 1899 au 25 Déc. 1904

S.E. Yacoub Artin Pacha.. — S.E. le Dr Abbate Pacha... } du 26 Décembre 1904 au 23 Déc. 1906

S.E. Hussein Fakhry Pacha. — S.E. le Dr Abbate Pacha... } du 24 Décembre 1906 au 27 Déc. 1908

S.E. Yacoub Artin Pacha.. — S.E. le Dr Abbate Pacha... } du 28 Décembre 1908 au 27 Déc. 1909

SECRÉTAIRES GÉNÉRAUX

M. J.G. Aristide Gavillot.. — du 29 Décembre 1899 au 29 Déc. 1907

M. le Dr Innès Bey........ — du 30 Décembre 1907 au 27 Déc. 1908

M. J.B. Piot Bey.......... — du 28 Décembre 1908 au 27 Déc. 1909

TRÉSORIERS-BIBLIOTHÉCAIRES

M. J. Barois.............. — du 29 Décembre 1899 au 23 Déc. 1906

M. J. Vaast .... — du 24 Décembre 1906 au 27 Déc. 1909

COMITÉ DE PUBLICATIONS

MM. le Dr Osman Bey Ghaleb
J. B. Piot Bey
Gallois Bey   du 29 Décembre 1899 au 27 Déc. 1900

le Dr Osman Bey Ghaleb
J. B. Piot Bey
R. Fourtau   du 28 Décembre 1900 au 28 Déc. 1903

R. Fourtau
J. B. Piot Bey
le Dr Bay   du 29 Décembre 1903 au 23 Déc. 1906

le Dr Bay
J. B. Piot Bey
R. Fourtau
Aly Bey Bahgat   du 24 Décembre 1906 au 29 Déc. 1907

le Dr Bay
R. Fourtau
Daressy
Aly Bey Bahgat   du 30 Décembre 1907 au 27 Déc. 1908

Aly Bey Bahgat
Daressy
le Dr Bay
Parodi   du 28 Décembre 1908 au 27 Déc. 1909

LISTES

de **MM**. les **Membres** de l'Institut Egyptien

élus depuis le 6 Mai 1899 au 7 Mai 1909.

I

MEMBRES RÉSIDANTS

VIDAL (Com' L.)	*12 Jan. 1900.*	KEATINGE (D')	*6 Avril 1903.*
ALY EFFENDI BAHGAT	*id.*	KYRILLOS MACAIRE Mgr	*id.*
CHASSINAT	*id.*	AHMED BEY KAMAL	*id.*
BAY (Docteur)	*id.*	MOSSERI (V.)	*1er Fév. 1904.*
WINGATE PACHA	*id.*	MOHL (von)	*6 Fév. 1905.*
PRUNIÈRES	*16 Fév. 1900.*	PARODI (H. D.)	*id.*
LOUIS (G.)	*16 Avril 1900.*	ELLIOT SMITH (D')	*id.*
SOUTER (A.)	*11 Jan. 1901.*	LOOSS (Prof. A.)	*3 Déc. 1906.*
BROWN (Major)	*1er Fév. 1901.*	HUME (W. F.)	*id.*
LYONS (Cap.)	*1er Fév. 1901.*	WILSON (D' W. H.)	*28 Déc. 1908.*
HUSSEIN RUCHDI BEY	*3 Mai 1901.*	LUCAS (Al.)	*id.*
ARVANITAKIS (prof. G.)	*7 Avril 1902.*	PACHUNDAKI (A.D.E.)	*id.*
VAAST (J.)	*6 Avril 1903.*	FERRANTE (Av.)	*id.*
GEORGIADIS (N.)	*id.*		

II

MEMBRES HONORAIRES

GRENFELL (Général)	*12 Jan. 1900.*	MORGAN (J. de)	*9 Nov. 1900.*
CHAILLÉ-LONG BEY (Colonel)	*id.*	GROFF (William)	*1er Fév. 1901.*
PROMPT	*id.*	COGNIARD (D')	*id.*
PIÉTRI (A. M.)	*id.*	DUTILH (E.D.G.)	*id.*
LORET (Victor)	*id.*	COSSMANN (Maurice)	*1er Mars 1901.*
PELTIER BEY	*id.*	BOTTI (D' G.)	*12 Avril 1901.*
BOURIANT	*id.*	PIETREMENT	*id.*
DEPERET (Ch.)	*4 Mai 1900.*	THOMAS (Ph.)	*id.*
		APOSTOLIDÈS (D' B.)	*id.*

GAUTHIER (Victor)... *12 Avril 1901.*
LEMM (Dr O. von).... *id.*
PRIEM (Fernand) .... *id.*
PALLARY (P.)........ *8 Nov. 1901.*
CAPART (Jean)....... *id.*
BLANCKENHORN (Dr Max) *17 Jan. 1902.*
HARTWIG DERENBOURG *7 Fév. 1902*
LORTET (Prof. D^r).... *id.*
BRUNHES (Prof. Jean) *3 Mars 1902.*
ARACHÉVALETA (Prof.) *id.*
NICOUR BEY .... *id.*
THÉDENAT (Abbé H.) *7 Avril 1902.*
ZITTEL (Prof. Karl von) *3 Nov. 1902.*
LUIGI BEY (T. U.).... *1er Fév. 1904.*
PÉRON (Alphonse)... *26 Déc. 1904.*
CHOISY (Auguste).... *id.*
VENTRE PACHA ...... *6 Mars 1905.*
BROWN (Major)...... *id.*
ACHERSON .... *id.*

CLERMONT-GANNEAU . *6 Mars 1905.*
SCHIAPARELLI (Ernest). *id.*
BERCHEM (Max von).. *id.*
FÉRAUD-GIRAUD ..... *id.*
ROSEN (Baron de) ... *id.*
PELLET (H.) .... *id.*
GOLDZIHER .... *id.*
RHONÉ (Arthur)..... *id.*
ZOGHEB (Alex. Max de) *id.*
GAFFAREL .... *id.*
AMÉLINEAU .... *id.*
PERRIER (Ed.)....... *8 Mai 1905.*
NAVILLE............ *21 Jan. 1907.*
SANDWITH .... *13 Jan. 1908.*
GRIFFITH (Prof. F.).. *id.*
ELOUI PACHA (S.E.).. *18 Jan. 1909.*
GARSTIN (Sir W.).... *id.*
PERVINQUIÈRE (L.)... *id.*

III

MEMBRES CORRESPONDANTS

CAPART (Jean) ...... *12 Jan. 1900.*
ROMAN (Frédéric) ... *4 Mai 1900.*
JONCQUIÈRES (de).... *id.*
LAMMENS (R^d P.)..... *id,*
FODERA (D^r)......... *9 Nov. 1900.*
COSSMANN (M.) ...... *7 Déc. 1900.*
DUNSTAN (Prof. Windham R.) *12 Avril 1901*
VAGLIERI (Prof.)..... *27 Déc. 1901.*
PARODI (H.D.)....... *29 Déc. 1903.*
PACHUNDAKI (D. E.) . *id.*
BLANCHARD (Prof.).. *11 Jan. 1904.*

HUME (W. F.)........ *8 Mai 1905.*
BONITEAU BEY (Maurice). *id.*
LUCAS (A.) .... *26 Déc. 1905.*
FERGUSSON (Prof. A. R.). *21 Jan. 1907.*
WILSON (W. H.) ..... *id.*
CLARK (Dr G.) .... *id.*
MUSCHLER (R.) ...... *13 Jan. 1908.*
ROUX (Ch. F.) ...... *18 Jan. 1909.*
LIMONGELLI .... *id.*
GEISS (A.).......... *id.*
BALL (J.) .... *id.*

TRAVAUX

DE

L'INSTITUT ÉGYPTIEN

du 6 Mai 1899 au 7 Mai 1909.

———◇———

BULLETINS

R. Fourtau	1er Décembre 1899	*Bibliographie géologique de l'Egypte en 1898-99.*
do.	12 Janvier 1900	*Exploration géologique dans le désert arabique entre Suez et El Wasta.*
do.	4 Mai 1900	*Réponse aux observations du R. P. Raboisson.*
do.	9 Novembre 1900	*Notes paléontologiques.*
do.	7 Décembre 1900	*Notes sur quelques publications parues en 1899-1900, concernant la géologie et la paléontologie de l'Egypte.*
do.	1er Février 1901	*Notes sur les échinides fossiles de l'Egypte.*
do.	6 Avril 1903	*Les terrains crétacés de l'Egypte.*
do.	4 Mai 1903	*Contribution à l'étude de la faune échinitique du Golfe de Suez.*
do.	7 Novembre 1904	*Les Echinides fossiles d'Egypte*
do.	26 Décembre 1905	*Contribution à l'étude des échinides fossiles de la craie supérieure.*
do.	11 Novembre 1907	*Note sur quelques échinides éocènes d'Egypte nouveaux ou peu connus.*
do.	30 Décembre 1907	*Note sur le schizaster gibberulus.*
do.	18 Mai 1908	*Note sur les échinides fossiles recueillis par M. Teilhard de Chardin dans l'Eocène des environs de Minieh.*
Dr D. Fouquet	1900	*Contribution à l'étude de la céramique orientale.* (Mémoires Tome IV. 1er)
Ernest A. Floyer	16 Février 1900	*Les chants memnoniens.*
do.	6 Avril 1900	*Plantation d'arbres et destruction des oiseaux migrateurs.*

Reno Muschler .... 1908 *Enumération des algues marines et d'eau douce observées jusqu'à ce jour en Egypte.*
(Mémoires, Tome V.—3me).

D. E. Pachundaki ...... 4 Décembre 1905 *E. D. J. Dutilh (1836-1905).*

Paul Pallary .... 3 Mai 1901 ...... *Apport à la faune malacologique de l'Arabie et de l'Egypte.*

do. .... 3 Mars 1902..... *Mollusques recueillis par le Dr Innès Bey dans le Haut Nil.*

H. Parodi .... 5 Mai 1899...... *Le gaz aérogène et ses applications.*

do. .... 9 Novembre 1903 . *Les corps radio-actifs, la phosphorescence et la lumière froide.*

do. .... Juin 1908....... *La Verrerie en Egypte.*
(Manuscrit).

H. Pellet .... 1er Mars 1901 ... *La betterave en Egypte.*

H. Pellet et R. Roche.. 13 Mai 1907..... *Composition du sol Egyptien. Analyses de terre et de limon.*

J. B. Piot Bey .... 13 Janvier 1899. *La première exposition de bétail en Egypte.*

do. .... 6 Avril 1900..... *Le rapport annuel de M. Francis Piot, vétérinaire municipal d'Alexandrie.*

do. .... 7 Décembre 1900 *La malaria bovine en Egypte.*

do. .... 4 Mars 1907 .... *Une plaie de l'Egypte actuelle.*

do. .... 6 Avril 1908 .... *Mortalité humaine et animale par le froid en Egypte.*

do. .... 1909 *Le Congrès international de la tuberculose à Washington en 1908.*

F. Priem .... 5 Mai 1899...... *Sur des poissons fossiles de l'Eocène d'Egypte.*

do. .... 13 Janvier 1908. *Sur les vertébrés de l'Eocène d'Egypte.*

Peron	6 Avril 1903	*Les fossiles crétacés de l'Egypte.*
Le R. P. Raboisson	7 Avril 1899	*Un fourrage d'été nouveau pour l'Egypte.*
do.	16 Février 1900	*Exploration géologique dans la péninsule sinaïtique.*
do.	2 Mars 1900	*Exploration géologique de la péninsule sinaïtique (2me partie et fin).*
do.	4 Mai 1900	*Sur la géologie de la presqu'île du Sinaï.*
J. B. Rebours	1909	*Aperçu historique sur la Musique Byzantine.*
R. Roche	13 Mai 1907	*Etude sur la nitrification du sol d'Egypte.*
do.	13 Mai 1907	*Etude sur le sebak de la Haute Egypte.*
do.	6 Avril 1908	*Essai d'étude des propriétés physiques des terres de la Haute Egypte.*
do.	6 Avril 1908	*Importance de l'étude physique des sols.*
F. M. Sandwith	6 Décembre 1901	*La Pellagre en Egypte.*
E. Sickenberger	1900	*Contributions à la flore d'Egypte.* (Mémoires, Tome IV — 1er)
G. Elliot Smith	1906	*A contribution to the study of mummification in Egypt. With special reference to the measures adopted during the time of the XXIst dynasty for moulding the form of the body.* (Mémoires, Tome V. — 1er)
do.	8 Avril 1907	*Report on the unrolling of the mummies of the kings Siptah, Seti II, Ramsès IV, Ramsès V and Ramsès VI, in the Cairo Museum.*
do.	2 Décembre 1907	*A note on the mummies in the tomb of Amenhotep II at Biban el Molouk.*